§¹
Lb 2832.

LE PRINCE
NAPOLÉON LOUIS BONAPARTE
ET LE MINISTÈRE MOLÉ,

OU

RÉSUMÉ DE LA QUESTION SUISSE,

PAR JULES LOMBARD,

PRIX : 50 CENTIMES.

PARIS,
CHEZ G.-A. DENTU, LIBRAIRE, PALAIS-ROYAL,
GALERIE VITRÉE, 13,
ET CHEZ TOUS LES MARCHANDS DE NOUVEAUTÉS.

1839.

LE PRINCE

NAPOLÉON LOUIS BONAPARTE

ET LE MINISTÈRE MOLÉ.

Parmi les actes de notre temps qui ont occupé l'attention des hommes politiques, il n'en est pas de plus grave que la demande d'expulsion de Napoléon-Louis Bonaparte, adressée par le ministère Molé à la confédération helvétique. Quoique cette affaire se soit terminée plus heureusement qu'on ne devait s'y attendre, d'après les complications qui étaient survenues, nous croyons cependant qu'il ne sera pas superflu de résumer ici les faits principaux d'un débat qui a compromis à beaucoup d'égards les intérêts français. Il faut que les chambres, qui vont s'assembler, puissent juger en connaissance de cause si les ministres sont coupables d'avoir entraîné le gouvernement dans une démarche qui nous a aliéné l'esprit d'une nation, notre plus sûre alliée, et qui a mis à nu toute la faiblesse de notre diplomatie. En retraçant des faits de notoriété publique, nous ne sommes animés par aucun esprit de parti ; notre seul mobile est l'amour de notre pays, et si nous élevons la voix pour blâmer la conduite des ministres, c'est que leurs actes nous ont paru tendre à anihiler l'influence de la France et à compromettre notre patrie vis-à-vis de l'étranger. Lorsque des hommes placés à la tête d'une grande nation sont contraints, par des circonstances impérieuses qu'il est hors de notre sujet d'examiner, de se montrer constamment souples et accommodans envers les grandes puissances européennes, peut-être leur conviendrait-il d'user plus que jamais d'égards et de ménagemens dans leurs relations avec nos faibles alliés dont nous n'avons rien à redouter, il est vrai, mais beaucoup à attendre le jour d'une guerre générale. Si telle n'est pas leur manière d'agir, qu'ils ne s'étonnent pas d'entendre qualifier de pusillanimité leur courtoisie envers les forts, et de violence leur attitude menaçante envers les faibles.

Du moment qu'un cabinet, quelque peu habile qu'il soit, veut adresser une demande à une puissance avec laquelle il tient à rester en paix, il s'assure préalablement de l'effet que produira cette demande; s'il n'a pas pour lui toutes les chances, il la formule de manière à ne pas heurter l'amour-propre étranger, et, ce qui est surtout important, il se ménage par ses expressions une issue honorable, une possibilité de conciliation en cas de refus. Or, dans l'affaire suisse, rien de semblable n'a été fait : le ministère ne s'est informé, ni de la position de Louis-Napoléon en Suisse, ni de l'opinion prédominante dans le pays. On va voir combien M. Molé s'est mépris à cet égard, et combien, dans cette occasion, il s'est montré ignorant de tout ce qui est convenance et usages dans les erremens d'une sage et honnête diplomatie.

Lorsque la reine Hortense sortit de France, en 1815, elle se rendit à Genève où elle possédait la terre de Pregny: mais à cette époque plusieurs cantons de la Suisse venaient de retomber sous l'influence des familles aristocratiques qui haïssaient l'empereur. Aussi la reine, qui passait pour avoir contribué au retour de l'île d'Elbe, ne trouva-t-elle que les cantons de Saint-Gall et de Thurgovie qui lui offrissent un asile. Elle voulait se fixer dans ce dernier, et elle y acheta la terre d'Arenenberg. Quoique la reine et son fils aient passé plusieurs années en Bavière et en Italie, c'est pourtant à dater de ces jours de persécutions qu'ils purent se considérer comme les hôtes de la Suisse. Depuis 1830, le prince Napoléon y était resté presque continuellement. Il allait tous les ans à l'école d'application d'artillerie de Thoune, et s'y était lié avec toute la jeunesse de ces contrées. En Thurgovie, il s'était acquis l'estime et l'affection générales par ses manières affables et par de nombreuses libéralités. Ce fut aux sentimens qu'inspiraient ces actes si conformes à la noblesse de son caractère naturellement bienveillant, qu'il dut le droit de bourgeoisie qui lui fut conféré, en 1832, par une patente dont nous reproduisons ici le texte d'après l'original qui nous a été communiqué.

« Nous président et petit conseil du canton de Thurgovie, dé-
» clarons que la commune de Sallenstein ayant offert le droit de
» bourgeoisie communal au prince Louis-Napoléon, par reconnais-
» sance pour les bienfaits nombreux qu'elle avait reçus de la famille
» de la duchesse de Saint-Leu, depuis son séjour à Arenenberg, et
» le grand conseil ayant ensuite, par sa décision unanime du 14
» avril, sanctionné ce don de la commune et décerné *à l'unanimité*
» le droit de bourgeoisie honoraire du canton, dans le désir de prou-
» ver combien il honore l'esprit de générosité de cette famille
» et combien il apprécie son attachement au canton, déclare que
» le prince Louis-Napoléon, fils du duc et de la duchesse de Saint-
» Leu, est reconnu citoyen du canton de Thurgovie.

» En vertu de quoi nous avons fait le présent acte de bourgeoi-
» sie, revêtu de notre signature et du sceau de l'état.

» Le président du petit conseil,

» *Signé* ANDERWERT.

» Le secrétaire d'état,

» *Signé* MOERIKOFER.

» Donné à Frauenfeld, le 30 avril 1832. »

Le prince répondit à ce témoignage de considération et de gratitude par la lettre suivante :

« Arenenberg, le 15 mai 1832.

« Monsieur le président,

» C'est avec un grand plaisir que j'ai reçu le droit de bourgeoisie,
» que le canton a bien voulu m'offrir. Je suis heureux que de nou-
» veaux liens m'attachent à un pays qui depuis seize ans nous a donné
» une hospitalité si bienveillante.

» Ma position d'exilé de ma patrie me rend plus sensible à cette
» marque d'intérêt de votre part. Croyez que dans toutes les circon-
» stances de ma vie, comme Français et Bonaparte, je serai fier d'être
» citoyen d'un état libre. Ma mère me charge de vous dire com-

» bien elle a été touchée de l'intérêt que vous me témoignez.

» Je vous prie, monsieur le président, d'être auprès du conseil « l'interprète de mes sentimens.

» Recevez l'assurance de ma parfaite estime,

» *Signé* NAPOLÉON-LOUIS BONAPARTE. »

Le prince, pour reconnaître ce don, offrit au canton deux canons de six, avec avant-trains et équipages complets. Il créa en même temps une école gratuite dans le village de Sallenstein, et contribua à la formation de plusieurs autres établissemens de ce genre. On connaît les deux ouvrages qu'il fit paraître. Le premier est une brochure politique et militaire sur la Suisse, l'autre un manuel d'artillerie à l'usage des troupes de la république helvétique. En 1834, le gouvernement de Berne nomma le prince capitaine dans son régiment d'artillerie. Nous transcrivons ici la lettre que le prince écrivit, à cette occasion, à M. de Tavel, vice-président.

« Monsieur le président,

« Je reçois à l'instant le brevet qui m'apprend que le conseil exé-
» cutif de la république de Berne m'a nommé capitaine d'artillerie.
» Je m'empresse de vous en exprimer mes remerciemens, car vous
» avez entièrement rempli mon désir. Ma patrie, ou plutôt le gou-
» vernement de la France, me repousse parce que je suis neveu
» d'un grand homme. Vous êtes plus juste à mon égard.
» Je suis fier de compter parmi les défenseurs d'un état où la
» souveraineté du peuple est reconnue comme base de la constitu-
» tion, et où chaque citoyen est prêt à se sacrifier pour la liberté et
» l'indépendance de son pays.
» Recevez, monsieur le président, l'assurance de mes sentimens
» distingués. »

Ainsi, le prince, sans renoncer à sa patrie, se rattachait de plus en plus au pays qui l'avait adopté soit par les honneurs qu'il en avait reçus, soit par les actes les plus propres à lui concilier toutes les sympathies. Comment le ministère a-t-il cru qu'il pourrait traiter un tel homme comme un simple réfugié ?

Si l'on ajoute que Louis-Napoléon était membre de la société fé-
pérale des carabiniers thurgoviens, qu'il en avait été élu président,

enfin que plusieurs colléges électoraux l'avaient nommé récemment membre du grand conseil, il sera facile de se convaincre que le gouvernement français ne pouvait, sous de frivoles prétextes, rompre les liens nombreux qui attachaient Louis-Napoléon à la Suisse. La position du prince n'était pas équivoque. Exilé de sa patrie par une loi injuste et exceptionnelle, il avait accepté avec plaisir les marques d'estime d'un pays libre. Mais les faveurs dont on l'avait comblé ne l'avaient pas plus rendu étranger à la France que Lafayette qui, citoyen des États-Unis, n'était considéré par personne comme Américain, lorsque, à l'Hôtel-de-Ville, il décidait des destinées de la nation. Quand ensuite on prétend, le code civil à la main, que, par l'acceptation seule d'un droit de bourgeoisie à l'étranger, le prince perdait sa qualité de Français, on commet un non-sens politique. Toute la famille de l'empereur était bannie de France : cet exil ayant été renouvelé par le gouvernement français le 11 avril 1832, il est clair que le prince Napoléon ne pouvait jouir d'aucun droit civil en France, puisqu'il y est mort civilement et qu'il ne peut pas même y posséder la moindre propriété. C'est donc le gouvernement français qui lui ôte ses droits de citoyen ; ce n'est pas lui qui y a renoncé. Car si, dans les positions exceptionnelles, on voulait juger les choses par le droit commun, on tomberait dans l'absurde. Ainsi le code dit, art. 17 : *La qualité de Français se perdra par tout établissement fait en pays étranger sans esprit de retour.* Un exilé à perpétuité ne pourrait donc se fixer dans un lieu sans perdre par cela même sa qualité de Français? D'ailleurs, la loi qui exile la famille Bonaparte n'est-elle pas une loi exceptionnelle, commandée, comme le dit le gouvernement, par de hautes raisons d'état? L'exil n'est pas dans la charte, et cependant des Français sont exilés : la confiscation est abolie, et cependant les biens de la famille Bonaparte sont encore confisqués (1). Le prince Napoléon est français et rien que français, par sa naissance, par ses antécédans, par son

---

(1) Pour preuve, voyez le *Moniteur Universel*, du 23 juillet 1831. On voit dans le rapport au roi, le 21 juin 1831, que depuis 1814, en vertu de l'article 3, l'ordonnance du 29 mai 1816 (Bulletin des Lois), applique les biens et revenus de la famille Bonaparte aux anciens donataires dépossédés et aux militaires blessés des armées royales de l'est et du midi.

nom, qu'on ne pourra jamais dénationaliser ; mais il ne possède qu'en Suisse les droits de citoyen, et, à ce titre, il pouvait réclamer la protection de la république helvétique. On voit cependant que cette position toute exceptionnelle prêtait à bien des interprétations, pour ceux qui croient que les dynasties déchues sont traitées d'après la loi commune par les gouvernemens qui les ont remplacés. Aussi le ministère français a-t-il agi avec une entière mauvaise foi en disant que Louis Bonaparte ne pouvait se dire à la fois citoyen suisse et citoyen français. On aurait pu lui répondre :
« Le prince Napoléon s'est toujours dit Français, malgré la loi d'exil
» que vous avez faite, et en vertu du code, qui ne connaît pas vos
» lois d'exception ; mais quand on l'attaque injustement, il réclame
» la bourgeoisie qu'on lui a donnée, et le droit d'asile qui lui appar-
» tient. »

Nous avons montré la position légale de Louis-Napoléon vis-à-vis de la Suisse, et sa position exceptionnelle vis-à-vis de la France ; nous allons suivre le ministère dans ses démarches. Ici nous sommes obligés, quoique à regret, de revenir sur des faits auxquels le gouvernement n'a donné que trop de célébrité. La révolte militaire de Strasbourg ayant échoué, on s'empare de la personne de Louis-Napoléon, on l'arrache de sa prison on le conduit, avec le plus grand secret et la plus grande promptitude, au port de Lorient, et de là on le transporte dans l'Amérique du Sud, et ensuite aux Etats-Unis. Le ministère honore cet acte illégal du nom de générosité. Louis-Philippe a connu le malheur par lui-même ; pendant vingt ans il s'est trouvé dans une position semblable à celle du prince Napoléon ; comment ses ministres, en se reportant à de tels souvenirs, n'ont-ils pas senti tout ce que, pour la glorification de leur maître, il leur était prescrit de véritable magnanimité ? Mais, poussé par de petites passions, le ministère s'est tellement acharné à faire calomnier le vaincu, il a tellement cherché, pendant son absence, à le couvrir de ridicule, il lui a enfin montré tant de pusillanimité, soit pendant sa captivité en France, soit pendant les cinq mois qu'il l'a retenu sur mer, qu'il a dû faire croire au prince que la démarche du gouvernement ne devait être attribuée qu'à la crainte du nom de Napoléon.

Bientôt une maladie cruelle dont la reine Hortense a depuis longtemps senti les atteintes a pris un caractère des plus alarmans ; le prince a reçu cette triste nouvelle ; il s'empresse, il accourt en Europe pour fermer les yeux à une mère chérie. La reine cesse de vivre le 5 octobre 1837, et à peine ses cendres sont refroidies que, vers les premiers jours de décembre, M. de Montebello s'adresse au chef du directoire fédéral pour lui commander dans les termes suivans l'expulsion de Louis Bonaparte : « Si la Suisse n'oblige pas Louis Bonaparte à quitter son territoire d'ici à dix jours, la France regardera ce refus comme une déclaration de guerre. » Le directoire répondit qu'il n'y avait aucune raison pour forcer le prince à s'éloigner, mais qu'on lui transmettrait les paroles de l'ambassadeur. Un membre du gouvernement de Thurgovie ayant été envoyé à Arenenberg pour faire cette communication au prince, celui-ci répondit qu'il ne quitterait pas la Suisse puisqu'il avait le droit d'y rester : qu'il ne s'ocupait d'aucune intrigue politique, que sa défaite n'avait nullement affaibli ses convictions ; mais qu'il se croyait obligé maintenant d'attendre tranquillement les événemens.

Le gouvernement français ne donna pas de suite à ses menaces, quoiqu'elles eussent été si brutalement formulées ; il comprit que, sans un nouveau prétexte, il ne pouvait pas persécuter un homme qu'il avait eu en son pouvoir et envers qui on avait voulu garder les apparences de la générosité. Néanmoins la pensée secrète du ministère se trahit encore souvent dans des entretiens confidentiels. Le prince resta paisiblement sur les bords du lac de Constance, occupé à embellir le vieux château de Gottlieben que sa mère avait acheté peu de temps avant sa mort. Cependant l'occasion, que l'on semblait attendre pour renouveler la demande d'expulsion de Louis Napoléon, ne tarda pas à se présenter. Au mois de juillet 1838, le lieutenant Laity, qui était en Suisse auprès du prince, retourne en France avec un passeport en règle, et publie une brochure relative à l'insurrection de Strasbourg, à laquelle il avait pris une part active. Il remplit les formalités exigées par la loi, et appose son nom à son écrit. M. Laity, homme de dévoûment et de résolution, avait composé sa relation dans le but de réfuter les calomnies qu'on avait répandues contre le chef de son choix. Le ministère, après avoir laissé pendant huit jours circuler la brochure sans l'incriminer, arrête tout à coup l'auteur, le défère à la Cour des Pairs, fait jouer le télégraphe et veut faire croire à la France et à l'Europe que sa vigilance vient de les préserver d'un grand danger en comprimant une vaste conspiration qui était prête à éclater. La Cour des Pairs se rassemble : on attend avec anxiété le réquisitoire du ministère public ; on suppose qu'on va recevoir les preuves irrécusables d'un immense complot ; mais comme cela était arrivé tant d'autres fois, la crédulité publique se trouve encore désappointée : la conjuration dont on avait fait tant de bruit s'évanouit, et de toute cette trame si pompeusement éventée, il ne reste qu'une brochure et son auteur, M. Laity, c'est-à-dire un simple délit de presse. On connaît la sentence prononcée par la Cour des Pairs. Nous ne nous appesantirons pas sur ce triste jugement. Nous ferons seulement remarquer que le ministère en livrant à la Cour des Pairs la brochure Laity a atteint un but contraire à celui qu'il s'était proposé : toute l'Europe a lu cet écrit auquel on prêtait assez d'importance pour en faire l'objet d'un procès d'état, et l'affaire de Strasbourg grandit en proportion des moyens employés pour en atténuer le souvenir. On présumait déjà à Paris que tout l'éclat donné au procès Laity devait avoir un but caché et que ce but pourrait était le nouveau prétexte dont on avait besoin pour faire renvoyer de la Suisse le prince Napoléon dont la présence inquiétait si vivement le ministère. En effet, c'est vers cette époque que M. de Montebello, qui était à Paris, retourna à son poste à Lucerne. Après avoir essayé de tous les artifices possibles pour persuader aux autorités fédérales d'expulser, sans autre forme de procès, Louis Bonaparte, il lança le 1ᵉʳ août à la confédération la note suivante :

A LL. Excel. MM. les avoyer et membres du conseil d'état du canton de Lucerne, directoire fédéral.

« Le soussigné, ambassadeur de S. M. le roi des Français près la confédération helvétique, a reçu l'ordre de son gouvernement de faire à LL. Exc. MM. les avoyer et membres du conseil d'état du canton de Lucerne, directoire fédéral, la communication suivante :

» Après les événemens de Strasbourg et un acte de généreuse clémence dont Louis-Napoléon Bonaparte avait été l'objet, le roi des Français ne devait pas s'attendre à ce qu'un pays ami, tel que la Suisse, et avec lequel les anciennes relations de bon voisinage avaient été naguère si heureusement rétablies, souffrirait que Louis Bonaparte revînt sur son territoire, et, au mépris de toutes les obligations que lui imposait la reconnaissance, osât y renouveler de criminelles intrigues et avouer hautement des prétentions insensées et que leur folie même ne peut plus absoudre depuis l'attentat de Strasbourg. Il est de notoriété publique que Arenenberg est le centre d'intrigues que le gouvernement du roi a le droit et le devoir de ne pas tolérer dans son sein. Vainement Louis Bonaparte voudrait-il les nier : les écrits qu'il a fait publier, tant en Allemagne qu'en France, celui que la Cour des Pairs a récemment condamné, auquel il est prouvé qu'il avait lui-même concouru et qu'il avait distribué, témoignent assez que son retour d'Amérique n'avait pas seulement pour objet de rendre les derniers devoirs à une mère mourante, mais bien aussi de reprendre des projets et d'afficher des prétentions auxquels il est démontré aujourd'hui qu'il n'a jamais renoncé. La Suisse est trop loyale et trop fidèle alliée pour permettre que Louis Bonaparte se dise à la fois l'un de ses citoyens et le prétendant au trône de France ; qu'il se dise Français toutes les fois qu'il conçoit l'espérance de troubler sa patrie au profit de ses projets, et citoyen de Thurgovie quand le gouvernement de sa patrie veut prévenir le retour de ses criminelles tentatives.

» C'est donc avec la plus entière confiance qu'au nom de son gouvernement, le soussigné présente à LL. Exc. MM. les avoyer et membres du conseil d'état du canton de Lucerne, directoire fédéral, en les priant de la porter à la connaissance de la haute diète, la demande expresse que Louis-Napoléon Bonaparte soit tenu de quitter le territoire helvétique.

» Le soussigné regarde comme superflu de rappeler ici à LL. Exc. les règles du droit des gens en pareille matière. Il ajoutera seulement en finissant, et d'après l'ordre qu'il a reçu, que la France aurait préféré ne devoir qu'à la volonté spontanée et au sentiment de bonne amitié de sa fidèle alliée une mesure qu'elle se doit à elle-même de réclamer enfin, et que la Suisse ne lui fera sûrement pas attendre.

» Le soussigné saisit avec empressement cette occasion pour renouveler à LL. Exc. MM. les avoyer et membres du conseil d'état du canton de Lucerne, directoire fédéral, les assurances de sa haute considération.

» Signé le duc de MONTEBELLO.

» Lucerne, le 1er août 1838. »

On voit par cette note, qu'on suit le même système de mensonge adopté avant le procès Laity : à Paris, pour faire condamner la brochure, on suppose un vaste complot : à Lucerne, pour obtenir l'expulsion du prince Napoléon on suppose encore des menées coupables dont le gouvernement est censé tenir tous les fils. Nous ne nous appesantirons pas sur la manière dont M. de Montebello se joue des sentimens de piété filiale, nous ferons seulement remarquer que le ministère qui disait si hautement, lors du procès de Strasbourg, que Louis Bonaparte était un étranger, le proclame ensuite Français lorsqu'il juge à propos de légitimer par ce titre les persécutions qu'il réclame contre lui ; nous ferons en outre observer que l'entreprise du prince, qualifiée en France, par les agens du pouvoir, du nom d'échauffourée ridicule, prend un tout autre caractère dans les paroles que l'ambassadeur du cabinet Molé adresse à la confédération : à Paris on a traité d'équipée cette entreprise, en Suisse on la met au rang des *évènemens*. Ainsi le ministère a deux langages, l'un pour la France, l'autre pour l'étranger.

Cette note produisit le plus mauvais effet. Le ton d'arrogance qui y régne blessa profondément l'orgueil helvétique. Sommes-nous donc une province française ? se demandait-on généralement en Suisse : le gouvernement français croit-il que nous nous chargerons d'un rôle que lui-même n'a pas voulu prendre puisqu'il a laissé le prince en liberté ? Si Louis-Napoléon conspire, que l'on en donne des preuves et alors nous saurons ce que nous avons à faire.

Le ministère, dans sa présomption, crut que la diète allait souscrire à sa demande ; mais au contraire tant que la France fut seule à menacer, on se moqua de ses menaces, et au mois d'août pas une voix ne vota en faveur de l'expulsion. La diète décida qu'on enverrait la question premièrement au canton de Thurgovie comme le plus intéressé dans cette affaire et comme celui qui devait mieux en connaître tous les détails. Alors, M. Molé ne pouvant obtenir ce qu'il demandait ni par son ascendant moral, ni par l'autorité de la raison qui n'était pas de son côté, essaya de l'obtenir par l'intimidation et par l'intervention diplomatique de l'Autriche et de la Prusse ; et nous regrettons d'avoir à le dire, sans ce concours mendié, et sans doute acheté par de lâches concessions faites à l'absolutisme, un ministère qui n'est rien moins que français n'aurait pas eu une seule voix en sa faveur. Il adressa donc à M. de Montebello la seconde dépêche que voici :

SECTION POLITIQUE.

64.

« Paris, 14 août 1838.

» Monsieur le duc,

» J'ai sous les yeux vos dépêches du 5 et du 10 août, et j'ai lu attentivement tous les détails qu'elles renferment sur la séance de la diète où a été discutée la note que vous avez présentée au nom de la France pour obtenir l'expulsion de Louis Bonaparte. Je ne dirai rien de la violence des discours qui ont été prononcés, ni de la manière dont quelques orateurs ont parlé de la France et de son alliance.

» La France a trop la conscience de sa force et de sa dignité pour ne pas dédaigner un langage que la Suisse elle-même, nous n'en doutons point, serait loin d'approuver. Mais vous représenterez de nouveau au vorort qu'il s'agit ici de savoir si la Suisse prétend, sous le manteau de l'hospitalité qu'elle exerce, recueillir dans son sein et encourager de sa protection des intrigues, des intentions hautement avouées et qui ont pour objet de troubler le repos d'un état voisin. Est-il un homme de bonne foi qui puisse admettre que Louis Bonaparte soit naturalisé Suisse, bourgeois de Thurgovie, et prétende en même temps régner sur la France ?

» La Suisse a-t-elle droit de laisser se former sur son territoire des entreprises qui, quoique dénuées de chances sérieuses de succès, peuvent avoir pour effet, comme au mois d'octobre 1836, de donner un grand scandale politique et d'entraîner quelques insensés ou quelques dupes ? Il est impossible que le bon sens public ne fasse pas justice, en Suisse comme ailleurs, de l'argument qu'on nous oppose et que l'on puise dans ce droit de bourgeoisie donné à Louis Bonaparte par le canton de Thurgovie. Louis Bonaparte a-t-il rempli la condition exigée par l'article 25 de la constitution de ce canton ? A-t-il renoncé à l'a France son ancienne patrie ? S'il l'a fait, comment expliquer alors toute sa conduite et ses actes les plus récens, la brochure Laity et la lettre de son écriture trouvée chez Laity ?

» Ne serait-ce pas se jouer de toute vérité que se dire tour à tour selon l'occurrence Suisse ou Français : Français pour attenter au repos et au bonheur de la France, Suisse pour conserver l'asile où, après avoir échoué dans de coupables tentatives, on ourdit de coupables intrigues et on prépare de nouveaux coups ? Louis Bonaparte a assez prouvé assurément qu'il n'est accessible à aucun sentiment de reconnaissance et qu'une plus longue patience de la part du gouvernement français ne ferait que le confirmer dans son aveuglement et l'enhardir à de nouvelles trames.

» Maintenant, M. le duc, la France se doit à elle-même de ne pas souffrir plus long-temps que la Suisse, autorise par sa tolérance les intrigues d'Arenenberg. Vous déclarerez au vorort que si, contre toute attente, la Suisse, prenant fait et cause pour celui qui compromet si gravement son repos, refusait l'expulsion de Louis Bonaparte, vous avez ordre de demander vos passeports.

» Aussitôt que cette dépêche vous sera parvenue, vous irez en donner lecture à M. l'avoyer Kopp, et vous lui en laisserez copie, si vous le jugez convenable. Toutefois, vous ne vous séparerez pas de M. l'avoyer sans lui donner encore l'assurance que la France, forte de son droit et de la justice de sa demande, usera de tous les moyens dont elle dispose pour obtenir de la Suisse une satisfaction à laquelle aucune considération ne saurait la faire renoncer.

» Agréez, M. le duc, l'assurance de ma haute considération.

» *Signé* Molé.

» Monsieur le duc de Montebello — Lucerne. »

Jamais note diplomatique ne fut plus imprudente. Elle montre toute l'incapacité du président du conseil en même temps que l'absence de raisons plausibles. La teneur de cette note était trop positive pour ne pas entraîner le gouvernement dans une guerre en cas de refus, et le gouvernement pouvait-il vouloir la guerre? Certainement non! Il voulait seulement intimider une faible nation, et nous allons voir que malgré l'appui des grandes puissances, il s'est compromis sans atteindre ce résultat. C'est dans ces circonstances critiques que le grand conseil de Thurgovie se rassembla pour répondre à l'invitation de la diète. M. Kern, député, homme d'un grand talent et d'un noble caractère, ouvrit la séance en lisant, d'après les ordres qu'il avait reçus de l'autorité fédérale, la seconde dépêche de M. Molé et en donnant la nouvelle de l'adhésion de l'Autriche et de la Prusse à la demande du gouvernement français. « Pensez, dit-il, où peut conduire un refus, mais aussi songez à votre honneur et à vos droits : quand même l'Europe entière se liguerait pour vous demander une concession, si elle est injuste, si elle viole vos lois, si elle blesse votre honneur, il faut la refuser. *Fais ce que dois, advienne que pourra :* telle doit être notre devise. »

Le grand conseil reçut alors du prince Napoléon cette lettre qui produisit une impression profonde :

« Messieurs les membres du grand-conseil,

» Si je viens dans cette circonstance vous faire une communication, c'est pour rectifier à vos yeux certains faits et pour vous donner une preuve de ma confiance et de mon estime.

» Je suis revenu d'Amérique en Suisse, il y a un an avec la ferme intention de rester étranger à toute espèce d'intrigue. Ma résolution n'a pas changé; mais aussi je n'ai jamais pensé à acheter mon repos aux dépens de mon honneur. On m'avait indignement calomnié : on avait dénaturé les faits, j'ai permis à un ami de me défendre. Voilà la seule démarche politique qui, à ma connaissance, ait eu lieu depuis mon retour. Mais le ministère français, pour arriver au but où il tend, continue toujours ses fausses allégations. Il prétend que la maison où ma mère vient de mourir, et où je vis presque seul, est un *centre d'intrigues;* qu'il le prouve s'il le peut. Quant à moi, je démens cette accusation de la manière la plus formelle, car ma ferme volonté est de rester tranquille en Thurgovie et d'éviter tout ce qui pourrait nuire aux relations amicales de la France et de la Suisse. Mais, messieurs, pour avoir une nouvelle preuve de la fausseté des accusations portées contre moi, lisez les récens articles des journaux ministériels, vous y verrez que, non content de me poursuivre jusque dans ma retraite, on tâche de me rendre ridicule aux yeux de tout le monde, en débitant d'absurdes mensonges.

» Messieurs les membres du grand conseil, c'est à vous que je m'adresse, à vous, avec qui jusqu'à présent j'ai vécu en frère et en ami : c'est à vous de dire aux autres cantons la vérité sur mon compte.

» L'invasion étrangère qui, en 1815, renversa l'empereur Napoléon, amena l'exil de tous les membres de la famille. Depuis 1816, je n'avais donc légalement plus de patrie, lorsqu'en 1832, vous me donnâtes le droit de bourgeoisie du canton. C'est le seul que je possède. Le gouvernement français, qui maintient la loi qui me considère comme mort civilement, n'a pas besoin de s'adresser à la Suisse pour savoir qu'il n'y a qu'en Thurgovie que j'aie des droits de citoyen. Quand il s'agit de me persécuter, le gouvernement me reconnaît comme Français ; à Strasbourg, il faisait dire par le procureur-général qu'il me regardait comme étranger.

» Messieurs, j'ose le dire, j'ai montré par ma conduite depuis cinq ans que j'avais su apprécier le don que vous m'aviez fait ; et si maintenant, à mon grand regret, je devenais une cause d'embarras pour la Suisse, ce n'est pas à moi qu'on devrait s'en prendre, mais à ceux qui, se fondant sur de fausses assertions, s'appuient sur des prétentions qui sont contraires à la justice et au droit des gens. Recevez, etc., etc. »

Le grand conseil répondit à l'unanimité que son député M. Kern s'était conduit à la diète comme le canton pouvait le désirer, que la demande de la France était inadmissible, et qu'il n'était nullement de notoriété publique qu'Arenenberg fût un centre d'intrigues.

Cependant la diète avait nommé une commission pour recueillir, en attendant la réponse de Thurgovie, tous les documens relatifs à l'affaire qui se traitait. Au bout d'un mois, elle avait reçu de ce canton un démenti formel aux assertions de la France, et de la part de notre gouvernement elle n'avait reçu, comme preuve de conspiration, qu'un passage de la brochure-Laity, qu'une phrase du plaidoyer de son défenseur, et en troisième lieu, qu'un extrait d'une lettre que le prince avait fait publier dans les journaux. Voilà donc sur quelles données frivoles se basaient les exigences de nos ministres. On conçoit dès lors toute la répugnance qu'on montrait à s'y soumettre. Toutefois, jamais position ne fut aussi délicate que celle où se trouvait alors la Suisse : cette république qui est entourée par de grandes monarchies, se voit menacée de la guerre et de ses fléaux, si, au mépris de ses lois et de son indépendance, elle ne renvoie pas un homme qu'elle a accueilli dans son sein. La diète qui voit toute l'impossibilité d'une adhésion à la demande de la France, et en même temps toute la gravité d'un refus, n'ose prendre la responsabilité sur elle seule; elle ajourne la question au 1er octobre, pour demander de nouvelles instructions aux grands conseils, afin que ce soit le peuple qui, par ses représentans immédiats, décide cette importante affaire. Ici nous ferons une courte digression pour entrer dans quelques détails sur la constitution fédérale de la Suisse, qui n'est pas généralement connue en France.

La Suisse a une population de deux millions d'habitans, répartie entre vingt-deux cantons. Mais il ne faut pas l'oublier, la Suisse n'est pas un pays divisé en vingt-deux provinces, c'est une confédération composée de vingt-deux états souverains. Cette distinction est essentielle pour bien comprendre le pacte qui les unit. Chaque canton de la Suisse a un grand conseil qui est composé des députés nommés par les communes. Ce grand conseil est le pouvoir législatif et en même temps souverain. Il délègue, pendant ses interruptions, son autorité à un petit conseil qu'il nomme et qui est le pouvoir exécutif. Dans les petits cantons seulement où les landsgemeinde (*assemblées populaires*) sont toujours en vigueur, le peuple assemblé en plein air nomme directement tous ses mandataires.

La diète est composée des délégués de tous les cantons nommés par les grands conseils ; ils forment chacun une ambassade (gesandschaft) qui représente la souveraineté de son canton.

L'envoyé à la diète n'est donc pas un député, mais un *ambassa-*

deur qui a des instructions très précises et qui est tenu à en demander de nouvelles dès que la question n'a pas été soumise en entier à la discussion du grand conseil, ou qu'il survient des incidens non prévus dans le programme des délibérations. C'est pour cela que chaque canton n'a qu'une voix à la diète, soit que cette voix représente un état qui, comme Berne, fournit à la confédération un contingent militaire de onze mille six cents hommes, soit qu'elle représente un petit canton comme celui d'Uri, qui n'en envoie que quatre cents environ. Dans les délibérations de la diète, il faut une majorité de douze voix pour décider une question. On voit donc d'après ce que nous venons de dire que souvent la majorité des états ne représente qu'une minorité de la population.

Des complications, provenant de l'esprit de localité qui prédomine en Suisse, entravent encore la machine fédérale. Ces entraves sont dues aussi aux querelles intestines qui ont divisé, à des époques différentes, les cantons d'Unterwalden, de Bâle et d'Appenzel. Ces trois cantons en forment maintenant six dont chacun envoie séparément son ambassadeur à la diète; mais chacun de ces envoyés n'a qu'une *demi-voix*, et si cette demi-voix n'est pas d'accord avec la demi-voix de l'autre partie du canton à laquelle il était précédemment réuni, leur vote s'annulle réciproquement. Il résulte de ces subdivisions d'intérêts, qu'une majorité absolue est presque impossible, et qu'on ne l'obtient presque jamais dans les circonstances graves. Or, comme dans l'affaire Napoléon cette majorité a été sur le point de se réaliser, c'est une preuve éclatante que nos ministres, par leurs attaques, n'avaient su qu'irriter le caractère national de l'Helvétie.

Nous ajouterons que la diète ne siége que deux ans dans la même ville et qu'elle se tient alternativement à Berne, à Lucerne et à Zurich. Pendant l'absence de la diète, c'est le conseil exécutif du canton où elle siége qui est le directoire fédéral (vorort).

Nous devons dire un mot encore de la position politique de la Suisse à notre égard.

Après la révolution de juillet cinq peuples suivirent l'impulsion donnée par la France: ce furent la Pologne, l'Italie, l'Angleterre, la Belgique et la Suisse. Les deux premières ayant été vaincues, leur alliance fut perdue pour nous, et comme toute alliance, pour être efficace et durable, ne peut être fondée que sur la permanence des intérêts communs, nous n'eûmes plus d'alliés véritables que les trois derniers pays. L'influence morale de la France était alors immense en Suisse, car la France régénérée était la garantie des institutions et de l'indépendance de l'Helvétie. Ce pays qui couvre une portion essentielle de notre frontière et qui menace en même temps les possessions de l'Autriche en Italie et les positions militaires du Rhin et des montagnes Noires nous était ouvert et tendait la main à la France comme à sa plus sûre, sa plus fidèle et sa plus utile alliée. Cet avantage immense, nos ministres ont su le perdre tour à tour par de mesquines tracasseries, par de violentes attaques, par d'injustes prétentions. Ils ont, par leurs ambassadeurs, choyé ces vieilles familles aristocratiques que la révolution de juillet avait renversées du pouvoir. Ils ont suscité des embarras aux nouveaux gouvernemens démocratiques que l'influence française avait mis au timon des affaires. Enfin, le croirait-on, ils ont été, par leurs inhabiles manœuvres, jusqu'à nous aliéner Genève, canton des plus dévoués à la France, et le plus affectionné de tous au trône de juillet.

Quant à l'affaire du prince Napoléon, voilà le raisonnement fort simple que le peuple s'est fait généralement en Suisse : « Le gouvernement de juillet a abandonné ses plus fidèles alliés et a gagné à ce prix la hautaine amitié ou plutôt la tolérance temporaire des puissances absolutistes. Pour persévérer dans cette politique, il faut qu'il leur donne de nouveaux gages en domptant partout l'esprit de démocratie et d'indépendance. Voilà pourquoi il saisit avec empressement la moindre occasion de nous chercher querelle ; si tel n'était pas son but, il ne mettrait pas en balance la crainte plus ou moins fondée que peut lui inspirer le jeune Napoléon avec les intérêts bien plus graves de la suprématie de la France et de sa prépondérance en Europe. »

C'était là l'opinion le plus généralement répandue dans les grands cantons de la Suisse, et c'est sous cette fâcheuse influence que les grands conseils s'assemblèrent pour donner des instructions à leurs députés. On sait que la diète, avant de s'ajourner, avait nommé une commission composée de MM. Hess (Zurich), Schindler (Gla ris), Burkardt (Bâle-ville), Kohler (Berne), Rigaud (Genève), Monnard (Vaud), Kopp (Lucerne). Cette commission tout en repoussant la demande du cabinet Molé, s'était partagée en trois opinions. La première, composée des trois premiers membres, voulait exiger du prince Napoléon une renonciation à sa qualité de français; les deux représentans des cantons français repoussaient purement et simplement la demande : enfin le dernier déniait à Napoléon-Louis ses droits de citoyen suisse et renvoyait l'affaire devant les tribunaux du canton de Thurgovie.

Mais le peuple suisse, comme tous les peuples en général dont le bon sens fait promptement justice de tout ce qui n'est qu'arguties, ne comprit pas ces petites réticences diplomatiques ou plutôt jésuitiques ; prenant la question sous son vrai point de vue, il se dit : « Nous avons donné le droit de bourgeoisie à Louis-Napoléon en 1832. Depuis six ans nous l'avons reconnu et accueilli dans nos camps, dans nos assemblées, dans nos fêtes comme citoyen de notre pays ; nous vîmes tous avec plaisir dans nos rangs le neveu de celui qui fut notre généreux médiateur, tant que sa présence ne nous apporta que des avantages ; maintenant, reviendrons-nous sur ce que nous avons fait, renierons-nous ce que nous avons reconnu, parce qu'un danger nous menace ? repousserons-nous celui auquel nous avons donné une place à notre foyer hospitalier, parce qu'une grande puissance le persécute ? Non, une telle action serait une lâcheté qui ternirait l'honneur de notre pays. » Aussi l'opinion tendant à obliger le prince à une renonciation ne fut-elle adoptée que par deux états. On savait bien d'ailleurs qu'il ne renoncerait jamais à sa qualité de Français, et il faut le dire pour l'honneur de la Suisse, peu de personnes voulurent par un indigne faux-fuyant sortir d'une position difficile.

Les cantons de Thurgovie, Genève, Vaud, Saint-Gall, Soleure, Berne, Argovie, Appenzell votèrent pour le rejet pur et simple de la note française, comme attentatoire à l'indépendance de leur pays, les uns en disant qu'ils reconnaissaient Louis-Napoléon comme citoyen suisse et qu'ils le protégeraient à ce titre ; les autres, qu'ils repoussaient les prétentions étrangères sans vouloir examiner les rapports du prince avec la France, ni la validité de son droit de bourgeoisie. Schaffouse et Glaris votèrent a peu près dans le même sens, cependant avec certaines restrictions.

Quoique ces onze cantons ne formassent pas la majorité des états, ils représentaient cependant la majorité de la population, c'est-à-dire quinze cent mille ames ou les trois quarts de la Suisse. Si nous ajoutons à ce nombre Bâle-Campagne et Zurich qui se sont abstenus de voter en apprenant la décision du prince, mais dont les votes en sa faveur ne pouvaient être douteux, on verra clairement que même dans la diète une majorité aurait été obtenue et que le ministère français aurait reçu un refus net et précis. Cependant, il faut le dire, la majorité dans les grands conseils de plusieurs cantons ne s'était point formée sans opposition; mais, en définitive, toute discussion tournait toujours au détriment de M. Molé. Dans chaque assemblée, il y avait deux opinions, l'une favorable, l'autre opposée à la demande d'expulsion. La première, basant ses argumens sur l'importance politique de Louis-Napoléon et sur les dangers dont sa proximité de la frontière pouvait être pour la dynastie régnante, relevait ainsi sa position de prétendant. La seconde, en repoussant les exigences de notre cabinet par un sentiment national, faisait valoir Louis-Napoléon comme un homme privé qui s'était acquis la sympathie du pays. M. Sismondi était du nombre de ceux qui regardaient le voisinage du prince comme un péril pour la monarchie de juillet: membre du grand conseil de Genève, il prononça à l'appui de son sentiment personnel un discours fort remarquable. Cet habile publiciste, après avoir récapitulé une foule de faits sur le sort des prétendans dont la plupart furent non seulement poursuivis, mais empoisonnés et pendus, vota pour le renvoi du prince dans les termes suivans, en blâmant toutefois le ministère de donner à Louis-Napoleon le titre de prétendant qui, une fois décerné et officiellement consacré, ne tarde guère à devenir une cause de ralliement. «L'admission, dit-il, par le comte Molé du titre de prétendant pour le prince Napoléon est remarquable. Il se passa long-temps avant que les rois d'Angleterre voulussent donner aux Stuart le nom de *prétendans*. Le traité d'Utrecht désigne Jacques III seulement *comme la personne qui prenait le titre de prince de Galles :* il faut que la France soit bien convaincue de la réalité des intrigues en faveur de Louis-Napoléon et des dangers qu'il fait courir à l'ordre public, pour se résoudre à lui donner un titre qui lui-même est un danger et qui révèle autant son importance. On s'est plu à couvrir de ridicule autant que de blâme le prétendant nouveau ; je ne vois aucun motif pour le ridicule. Le prince a développé l'audace, l'activité, l'art de parler aux soldats, l'art d'écrire pour les soldats qui peuvent faire briller un chef de parti. Je suis hors détat de juger de sa science militaire, mais je ne crois pas me hasarder beaucoup en la disant fort supérieure à celle [de tous les autres prétendans qui ont occupé de nos jours la scène politique, Monsieur et le comte d'Artois, le duc de Reischtadt et le duc de Bordeaux ; quant au blâme, c'est] autre chose, etc. » L'avis de M. Sismondi, malgré son érudition, ne prévalut pas dans le grand conseil de Genève qui, comme tous les autres grands cantons, repoussa hautement les prétentions de M. Molé. Une chose remarquable, c'est que même dans les pays démocratiques il y a une notable différence entre l'opinion du peuple pris en masse et celle de ses représentans immédiats. Ainsi, quoique dans certains grands conseils l'on inclinât fortement à satisfaire le cabinet Molé, le peuple partout montrait unanimement son animosité contre la demande de la France et sa sympathie pour le prince Napoléon. Partout on le vit entourer le lieu des délibérations, [et marquer, par des applaudissemens enthousiastes, la joie qu'il éprouvait des votes qui, à ses yeux, maintenaient intact l'honneur national.

Cependant pour faire réussir ses projets, le ministère avait eu recours à tous les moyens dont il pouvait disposer : menaces, calomnies, brigues clandestines, il n'avait rien épargné. Non seulement il fulminait les notes diplomatiques que nous avons rappelées à la mémoire de nos lecteurs, il remplissait les journaux st pendiés d'outrages et de fanfaronnades contre la Suisse, mais encore dans l'excès de son zèle, M. de Montebello ne crut pas cesser d'être digne en allant en personne intriguer auprès des gouvernemens des cantons sur lesquels il espérait avoir de l'influence. Il se rendit à Coire, au Tessin, au Valais; partout il promit ou les bonnes graces du gouvernement si on se soumettait à ses exigences, ou sa rancune terrible si on osait lui résister. Mais à Fribourg l'ambassadeur rencontra un homme énergique et patriote, M. Schaller, qui lui annonça ouvertement quel serait le résultat de ses fausses démarches et lui déclara qu'il ferait tout ce qui dépendrait de lui pour déterminer ses concitoyens à repousser, comme ils le devaient, les ordres iniques autant qu'absurdes que leur intimait un cabinet toujours prêt à modifier le droit international selon son caprice ou selon la nécessité du moment. M. de Montebello lui répondit ces propres paroles : « Eh bien ! dans huit jours vous serez écrasés ! »

En attendant, la presse ministérielle entasse calomnies sur calomnies contre le neveu de l'empereur qu'on persécute. *La Revue des Deux-Mondes* veut faire croire que celui qui vit au milieu de francs et simples républicains, qui se mêle à toutes leurs fêtes, qui se soumet à tous leurs usages, trône dans son château d'Arenenberg et se fait appeler *majesté*. Le *Journal des Débats* ose dire, dans son numéro du 16 septembre, que Louis Bonaparte, en revenant d'Amérique, a fait dix-huit cents lieues pour manquer à un engagement sacré. Il sait bien la fausseté de ce qu'il avance, mais tout mensonge est permis contre un ennemi malheureux. Au nom du prince, le colonel Charles Parquin envoie alors aux calomniateurs un démenti que les journaux seuls de l'opposition voulurent insérer. Au reste, tant de déceptions et de fourberies, indignes d'un pouvoir convaincu de sa justice et de sa force, ne montrent que la faiblesse d'un gouvernement qui a recours à de semblables armes pour arriver à son but. Tant de vils expédiens, et il était aisé de le prévoir, ne tournèrent qu'au désavantage et à la confusion des prétendus hommes d'état à qui ils tenaient lieu d'habileté. Ce système de mauvaise foi et d'impostures continuelles était si évident, que les populations, en Suisse, en concevaient le plus souverain mépris pour ses auteurs ; à mesure que ces outrecuidances se multipliaient, elles s'irritaient de plus en plus, et à la fin de septembre l'exaltation était arrivée à un degré vraiment inquiétant pour ceux qui tenaient au maintien de la tranquillité en Europe. Cependant, voyant la résistance qui s'organisait, la presse ministérielle, après avoir menacé, descend au rôle de suppliante. Le journal *la Presse*, dans son numéro du 11 septembre, prie Louis-Napoléon de quitter la Suisse, il lui rappelle l'exemple de son oncle, l'empereur Napoléon : « Celui qui avait été l'arbitre des destinées de plusieurs nations s'est résigné deux fois, dit le *vénal folliculaire*, par amour pour son pays, à subir les chagrins de l'exil et les tortures de Sainte-Hélène ; au souvenir de ce sacrifice magnanime, Louis-Napoléon pourrait-il hésiter ? Oui ! Louis-Napoléon s'honorera en quittant la Suisse. Il prouvera à la France, à l'Europe, au monde que les sentimens patriotiques de l'empereur vivent dans son ame, qu'il n'a pas oublié ces belles paroles qu'avant sa mort la main du grand homme a tracées dans son testament : *Je recommande à mon fils de ne jamais oublier qu'il est né prince français. Il ne doit jamais combattre ni nuire en aucune façon à la France ; il doit adopter ma devise : tout pour le peuple français !* Ce n'est pas seulement pour son malheureux fils que Napoléon a écrit ces lignes, sa pensée était qu'aucun de ceux qui lui appartiennent par le sang ne devait tirer contre la France une épée parricide, ni lui nuire *en aucune façon*. Que Louis-Napoléon médite ces paroles mémorables, il y trouvera la règle de la conduite qu'il doit tenir. »

Le gouvernement français s'était jeté dans des embarras auxquels il ne savait plus comment échapper ; il avait en même temps le soin de se couper pour ainsi dire toute retraite, en faisant annoncer par ses organes que le départ volontaire de Louis Bonaparte ne lui suffirait pas. Cependant le prince semblait décidé à rester en Suisse et à braver l'orage. Le ministère, prévoyant le refus qui allait lui être notifié, fit avancer des troupes pour tenter un dernier coup et intimider les délibérations de la diète. On connaît la proclamation-Aymar, où les Suisses sont appelés *nos turbulens voisins*. A la vue de cet incroyable ordre du jour qui menaçait une nation en temps de paix, les cantons frontières se mettent spontanément sous les armes. Genève se dispose à défendre ses murailles, et près de 20,000 hommes sont réunis pour s'opposer à l'entrée des troupes françaises. Quel triste spectacle présentaient alors les deux pays aux yeux de tout homme qui avait conservé le souvenir de la révolution de juillet et des sentimens qui régnaient à cette époque dans les conseils du roi ! La France fait avancer ses bataillons. Est-ce pour soutenir notre honneur national ? Est-ce pour aider un peuple qui réclame notre appui, ou pour nous opposer aux empiétemens des puissances absolutistes ? Non. C'est pour aller dompter l'esprit d'indépendance d'une république, notre plus fidèle et plus sûre alliée, et cela sous le prétexte qu'elle donne asile et protection au neveu de l'homme dont nous avons replacé la statue sur la Colonne. Dans ces circonstances, où la guerre paraissait inévitable, puisque de chaque côté une armée bordait la frontière, le prince Napoléon prit la généreuse résolution de s'éloigner, afin de mettre un terme à des démêlés qui devaient avoir de fâcheux résultats, autant pour sa patrie que pour le pays qui l'avait adopté depuis son exil. Il adressa à la diète la lettre suivante qui est un modèle de modération et de dignité :

A S. Exc. M. le landamann Anderwert, président du petit conseil du canton de Thurgovie.

« M. le landamann,

» Lorsque la note du duc de Montebello fut adressée à la diète, je ne voulus point me soumettre aux exigences du gouvernement français ; car il m'importait de prouver, par mon refus de m'éloigner, que j'étais revenu en Suisse sans manquer à aucun engagement, que j'avais le droit d'y résider et que j'y trouverais aide et protection.

» La Suisse a montré depuis un mois, par ses protestations énergiques et maintenant par les décisions des grands conseils qui se sont réunis, qu'elle était prête à faire les plus grands sacrifices pour maintenir sa dignité et son droit. Elle a su faire son devoir comme nation indépendante ; je saurai faire le mien et demeurer fidèle à la voix de l'honneur. On peut me persécuter, mais jamais m'avilir.

» Le gouvernement français ayant déclaré que le refus de la diète d'obtempérer à sa demande serait le signal d'une conflagration dont la Suisse pourrait être la victime, il ne me reste plus qu'à quitter un pays où ma présence est le sujet d'aussi injustes prétentions, où elle serait le prétexte de si grands malheurs !

» Je vous prie donc, M. le landamann, d'annoncer au directoire fédéral que je partirai dès qu'il aura obtenu, des ambassadeurs des diverses puissances, les passeports qui me sont nécessaires pour me rendre dans un lieu où je trouve un asile assuré.

» En quittant aujourd'hui volontairement le seul pays où j'avais trouvé, en Europe, appui et protection, en m'éloignant des lieux qui m'étaient devenus chers à tant de titres, j'espère prouver au peuple suisse que j'étais digne des marques d'estime et d'affection qu'il m'a prodiguées. Je n'oublierai jamais la noble conduite des cantons qui se sont prononcés si courageusement en ma faveur, et surtout le souvenir de la généreuse protection que m'a accordée le canton de Thurgovie restera profondément gravé dans mon cœur.

» J'espère que cette séparation ne sera pas éternelle, et qu'un jour viendra où je pourrai, sans compromettre les intérêts de deux nations qui doivent rester amies, retrouver l'asile où vingt ans de séjour et des droits acquis m'avaient créé une seconde patrie.

» Soyez, M. le landamann, l'interprète de mes sentimens de reconnaissance envers les conseils, et croyez que la pensée d'épargner des troubles à la Suisse peut seule adoucir les regrets que j'éprouve à la quitter.

» Recevez l'expression de ma haute estime et de mes sentimens distingués.

» Signé : Napoléon-Louis B.

» Arenenberg, le 22 septembre 1838. »

Cette déclaration une fois connue, plusieurs cantons se dispensèrent de voter, comme nous l'avons déjà dit, mais l'exaltation était si grande que, de tous les coins de la Suisse, on adressa des pétitions au prince pour le prier de ne pas partir.

Cependant Louis-Napoléon quitta Arenenberg le 14 octobre, et son départ offrit plusieurs scènes touchantes.

Il ne faut qu'avoir vu le prince au sein de sa résidence en Suisse pour ne pas douter qu'en s'éloignant il se résignait au plus grand des sacrifices. Non seulement il abandonnait deux beaux établissemens (les châteaux d'Arenenberg et de Gottlieben) avec les propriétés qui en dépendent; mais il quittait un pays où il était généralement estimé et sincèrement aimé, il quittait la maison que sa mère avait habitée, où elle venait de mourir et où elle avait transporté, pour ainsi dire, ses pénates impériaux.

Le jour de son départ, un grand nombre des habitans des environs étaient venus lui faire leurs adieux et il y avait affluence dans ses salons, où tous les meubles et tous les tableaux sont des souvenirs de l'empire. Le prince avait conservé la chambre à coucher de sa mère dans le même état où elle se trouvait le jour de la mort de cette princesse. Lorsqu'on le vit sortir de cette chambre à laquelle il venait de dire un dernier adieu, et promener ses yeux mouillés de larmes sur ces objets qui lui rappelaient et sa mère et la France, on comprit que son départ de la Suisse était encore un bien cruel exil.

Le 1ᵉʳ octobre, la diète s'était rassemblée : on sait qu'elle éluda la question en déclarant que le départ du prince Napoléon terminait le différend. Cependant elle se plaignit (1) de ce que le gouvernement français avait voulu influencer ses délibérations en faisant marcher des troupes sur la frontière avant d'avoir reçu une réponse à sa demande. Quant au ministère français, toujours en proie à sa panique, il ne voulut pas contremander les rassemblemens de l'armée d'observation avant d'avoir reçu la nouvelle officielle du départ du prince. Il croyait à tout moment le voir entrer en France à la tête d'une armée suisse, comme si le neveu de l'empereur pouvait jamais vouloir se servir d'une assistance étrangère pour revenir dans son pays.

Maintenant, résumons toute cette triste question et les effets qu'elle a produits dans les différens pays. En Suisse, elle a retrempé l'esprit national et donné une grande puissance morale aux gouvernemens libéraux que nos ministres semblent tant haïr ; elle a renversé les partisans de la France qui étaient au pouvoir à Berne et dans d'autres cantons, et détruit presque partout l'influence française. La confédération est sortie de cette lutte avec les honneurs de la guerre, en prouvant qu'elle était prête à tous les sacrifices plutôt que de souscrire à un acte contraire à son indépendance. Le bon droit a, dans cette occasion, fait reculer la force.

En France, le gouvernement a manifesté sa faiblesse en laissant paercevoir, sans motif plausible de le faire, la crainte que lui inspirait un rejeton de la famille impériale. Le ministère a appris à l'Europe qu'il regardait l'ordre existant comme précaire ; il lui

(1) Voyez à la fin de la brochure la décision de la diète et la réponse de M. Molé.

a révélé qu'il n'avait pas foi en lui-même ; par rapport au devoir qui lui était prescrit, une telle indiscrétion est plus qu'un faute. Il a établi un précédent fâcheux en voulant imposer arbitrairement à un état étranger l'expulsion d'un homme arbitrairement jugé dangereux. Ensuite savons-nous à quel prix le ministère a, dans cette circonstance, acquis l'adhésion de l'Autriche? On ne pouvait acheter trop cher le plaisir d'exercer une petite vengeance sur un ennemi qu'on avait eu entre les mains, et auquel on regrettait d'avoir rendu la liberté. On s'était imaginé qu'il suffirait d'un mot hautement prononcé pour se délivrer sans retour d'un voisin importun, pour le faire renvoyer d'un pays libre. Ce mot avait été jeté insolemment, il avait été suivi de beaucoup d'autres paroles, et tant d'efforts, tant de jactance, tant de forfanterie n'avaient abouti à aucun résultat ; toutes les menaces s'étaient perdues dans l'air, toutes les calomnies avaient été sans effet, toutes les impostures n'avaient rencontré que des incrédules. Le personnage qu'on s'était proposé de rabaisser, on l'avait fait grandir, on l'avait montré dans son exil environné de toutes les sympathies d'un peuple libre ; on lui avait enfin procuré tout ensemble les avantages d'une existence officielle et un renom historique ; on lui avait décerné ce titre de prétendant qui impose des obligations et qui est si propre à réveiller dans le peuple des espérances qui auraient pu s'éteindre. Voilà l'œuvre, voilà la sagesse, voilà la prudence du cabinet-Molé. Et l'on dira que ce cabinet n'est pas inepte, on soutiendra qu'il n'est pas coupable envers ceux qu'il a mission de soutenir ! Il est ou coupable ou inepte, et qui répondra qu'il ne soit pas l'un et l'autre? Conçoit-on que les mêmes ministres qui ont proclamé un homme fou, extravagant et nullement à craindre, lorsqu'il avait apparu sur le sol de la France, le jugent bientôt après assez redoutable à une distance de quarante lieues de nos frontières, pour qu'il leur semble urgent de mettre sur pied une armée, afin de le faire déguerpir ? Ils l'ont rendu l'arbitre de la paix ou de la guerre, ils ont fait dépendre de sa volonté le repos de l'Europe, et s'il n'eût été plus sensé qu'eux, peut-être un immense incendie se fût-il allumé. Qui sait la série de malheurs dans laquelle nous serions entrés sans la noble résolution du neveu de l'empereur? Graces lui soient donc rendues d'avoir reculé devant la prévision de tant de sanglantes catastrophes ! Cependant un grand mal a été produit, un mal irréparable peut-être : la France, déjà trop isolée, a perdu l'affection de l'unique sentinelle qui veillât à sa porte. C'est le ministère qui lui a ravi cette précieuse sauve-garde ; le ministère ne portera-t-il jamais la peine d'un tort aussi grave ? Ce n'est pas tout, dans cette fatale conjoncture, ce ministère indigne n'a pas voulu qu'on ignorât qu'il était parfaitement à la hauteur de cette démoralisation dont tous les honnêtes gens déplorent le progrès ; il a dévoilé avec une impudence qui attachera à son existence les flétrissures de l'histoire, que la religion des souvenirs, que la reconnaissance envers une famille déchue, qu'aucun sentiment des convenances les plus sacrées n'existaient plus au cœur de certains agens du pouvoir. On a vu M. Molé, ancien auditeur au conseil d'état de l'empire, préfet de la Côte-d'Or, grand-juge, ministre de la justice, persécuter le neveu de son ancien souverain, de l'homme à qui il devait tout, et cela par l'intermédiaire de M. de Montebello, fils de l'ami le plus intime de Napoléon, filleul de l'empereur et frère de baptême du prince exilé !!!

Le prince n'est plus en Suisse, il est vrai, mais au lieu d'être à quarante lieues de la frontière, il peut être à Douvres demain c'est-à-dire à une distance de la France que l'on peut franchir en deux heures. Au lieu d'être dans un pays qui, par sa position neutre, ne peut prendre aucune détermination dans les questions européennes, il se trouve dans un grand état qui sent toute l'importance de posséder dans son sein un homme que notre propre gouvernement a reconnu comme le seul prétendant sérieux et comme le seul contre lequel il doive se tenir en garde. Et d'ailleurs, un gouvernement doit être logique. Il a dit à la Suisse : « Le droit des gens s'oppose à ce qu'un prétendant soit toléré dans un état voisin. » Pourquoi ne demande-t-il pas à l'Angleterre ce qu'il a demandé à la Suisse? Y a-t-il deux espèces de droit des gens, l'un pour les petits états, l'autre pour les grands ? Or, maintenant de deux choses l'une : ou le prince Napoléon était dangereux à quarante lieues de nos frontières ou il ne l'était pas. S'il était dangereux à cette distance, il l'est bien plus, maintenant qu'un espace de sept lieues seulement le sépare de la France, et le ministère est obligé, sauf le reproche de ne ne point prendre les intérêts de la France devant les grandes puissances, d'adresser la même demande d'expulsion à l'Angleterre. Si au contraire il n'était pas dangereux, ce n'est donc qu'une querelle qu'on a voulu susciter à la Suisse pour complaire à la sainte-alliance. Nous défions le ministère de répondre d'une manière satisfaisante à ce dilemme que nous posons ici en forme de conclusion et sur lequel nous appelons l'attention des hommes impartiaux qui siégent dans les deux chambres.

PIÈCES OFFICIELLES.

N° 1.

RÉPONSE DE LA DIÈTE A M. LE DUC DE MONTEBELLO.

« Son excellence M. le duc de Montebello, ambassadeur de S. M. le roi des Français, ayant, par son office du 1er août, demandé aux autorités fédérales que Napoléon-Louis Bonaparte soit tenu de quitter le territoire helvétique, les avoyer et conseil-d'état de Lucerne, directoire fédéral, ont reçu de la haute diète l'ordre de répondre ce qui suit:

» Lorsque les grands conseils des cantons ont été appelés à délibérer sur la demande de M. le duc de Montebello, leurs votes se sont partagés sur la position de Napoléon-Louis Bonaparte et sur la question de sa nationalité, mais non sur le principe que la demande d'expulsion d'un citoyen suisse serait inadmissible, comme contraire à l'indépendance d'un état souverain.

» Depuis que Napoléon-Louis Bonaparte a fait, pour s'éloigner du sol de la Confédération, des démarches publiques que le directoire fédéral est occupé à faciliter, une délibération de la diète sur cette matière devient inutile.

» Fidèle aux sentimens qui, depuis des siècles, l'ont unie à la France, la Suisse ne peut s'empêcher d'exprimer avec franchise le pénible étonnement que lui ont causé les démonstrations hostiles faites contre elle, avant que la diète ait été réunie pour délibérer définitivement sur la réclamation qui lui était adressée.

» La Suisse désire, autant que peut le désirer la France, que des complications de la même nature ne se renouvellent plus, et que rien ne trouble plus à l'avenir la bonne harmonie de deux pays rapprochés par leurs souvenirs comme par leurs intérêts. Elle se livre à l'espérance de voir promptement rétablies et consolidées entre la nation française et la nation helvétique les précédentes relations de bon voisinage et de vieille réciprocité d'affection.

» Les avoyer et conseil-d'état du canton de Lucerne, directoire fédéral, ont l'honneur, etc. »   (*Suivent les signatures.*)

Ce projet de réponse a été adopté après une discussion de trois heures et avec de légers changemens de rédaction qui ne portent que sur des mots : par Zurich, Uri, Unterwald, Zug, Soleure, Schaffhouse, Tessin, Vallais, Neufchâtel, Genève, Vaud, Grisons, Appenzell, Fribourg, Glaris, Berne, Schwytz, Lucerne et Bâle-Ville (dix-huit états et demi). Saint-Gall, Argovie, Thurgovie et Bâle-Campagne ont repoussé le projet comme n'étant pas assez énergique.

N° 2.

RÉPONSE DE M. MOLÉ.

« Paris, le 12 octobre 1838.

» Monsieur le duc,

» M. le comte Reinhard m'a remis, avec votre dépêche du 6 octobre, la réponse du directoire fédéral à votre office du 1er août, et je m'empresse de vous en accuser réception.

» Le gouvernement du roi n'a jamais demandé à la Suisse d'éloigner de son sein l'un de ses citoyens. Autant qu'aucune autre nation, la France respecte l'indépendance et la dignité de ses voisins; mais elle veille en même temps au maintien de son honneur et de son repos. La confédération, nous le croyons, ne laissera plus abuser d'une généreuse hospitalité celui dont les étranges prétentions sur la

France prouvent assez que la Suisse ne saurait le compter parmi ses enfans. C'est avec une véritable satisfaction, monsieur le duc, que le gouvernement du roi a vu la diète déclarer qu'*elle désire autant que peut le désirer le gouvernement français, que des complications de la nature de celles qui ont eu lieu ne se renouvellent plus*. La Suisse sentira sûrement, sans qu'il soit besoin de le rappeler ici, tout ce que la France se devrait à elle-même, si jamais et par impossible les mêmes conjonctures se reproduisaient.

» Quant aux démonstrations que la diète appelle hostiles, et qui auraient causé un pénible étonnement, le gouvernement du roi n'a pas cessé d'espérer un seul instant que des mesures suggérées par la prudence ne prendraient pas un autre caractère. Pour comprendre ces mesures et le sentiment qui les a dictées, la diète aurait pu se reporter à l'attitude qu'elle-même avait prise, et au refus dont les délibérations des grands conseils menaçaient la France. Aujourd'hui, monsieur le duc, les circonstances ont changé. Louis Bonaparte quitte la Suisse. Il vous reste à annoncer au vorort que le corps d'observation formé sur notre frontière de l'est va se dissoudre.

» Ce n'est pas sans émotion que le roi et son gouvernement ont lu les paroles qui terminent la réponse de la diète. Comme à toutes les époques de son histoire, la France est encore prête à témoigner à la Suisse qu'elle est son alliée le plus fidèle, son ami le plus sincère, son défenseur le plus invariable de son indépendance. De son côté, la Suisse veillera, nous n'en doutons pas, à ce qu'aucune cause de mésintelligence ou de mécontentement ne vienne troubler désormais la bonne harmonie et les rapports d'une amitié si ancienne que les deux pays ont tant d'intérêt à perpétuer.

» Veuillez, monsieur le duc, donner lecture de cette dépêche à M. le président du directoire et lui en laisser copie.

» Recevez l'assurance de ma haute considération.

» Signé MOLE.

» A S. Exc. M. le duc de Montebello. »

IMPRIMERIE LANGE LÉVY ET Cⁱᵉ, rue du Croissant, 16.

www.ingramcontent.com/pod-product-compliance
Lightning Source LLC
Chambersburg PA
CBHW060710050426
42451CB00010B/1375